Landfrauen
Weihnachtszeit

© 2013 Fona Verlag AG, 5600 Lenzburg
www.fona.ch

Redaktion Eva-Maria Wilhelm

Lektorat Léonie Schmid

Weitere mitwirkende Aargauer Landfrauen
Bernadette Barmettler, Aettenschwil
Lotti Baumann, Beinwil am See
Käthi Beyeler, Oberflachs
Heidi Bolli, Unterentfelden
Doris Gebert, Küttigen
Helene Gerber, Killwangen
Margrit Herzog, Wittnau
Erika Hubeli, Habsburg
Renate Läderach, Unterentfelden
Astrid Sidler, Bremgarten

Bilder Claudia Albisser, Basel

Konzept und Gestaltung FonaGrafik, Hiroe Mori, Lea Spörri

Quellennachweis 7. Dezember: Gedicht frei nach Christina Telker;
21. Dezember: Wintergeschichte frei nach Viktor Rydbergs
«Tomten» und Astrid Lindgren; 23. Dezember: Gedicht Friedrich
Dietz; 24. Dezember: Gedicht aus Spanien, übersetzt von
Regula Imboden, Wittnau

Druck Druckerei Uhl Radolfzell

ISBN 978-3-03780-505-3

Marie-Helen Frey – Helen Schmid – Helen Schreiber

Landfrauen
Weihnachtszeit

Rezepte & Geschenke

FO NA

Inhalt

Rezepte
zum Weihnachtsmenü
Nüsslisalat mit pikanten
Sternen, Weihnachtsfilet
Pilzsauce, Safranknöpfli,
Rüeblisterne
Eierkirschparfait mit
Kirschenkompott

Die Rezepte sind, wo nicht
anders vermerkt,
für 4 Personen berechnet.

Abkürzungen
EL **gestrichener Esslöffel**
TL **gestrichener Teelöffel**
dl **Deziliter**
ml **Milliliter**
g **Gramm**
kg **Kilogramm**
Msp **Messerspitze**

Liebe Leserin, lieber Leser

Was bedeutet Ihnen Weihnachten? Bringt diese Zeit für Sie nur Stress mit
sich, und Sie sind froh, wenn sie wieder vorüber ist? Oder lieben Sie sie besonders?
In diesem Buch lassen wir Sie teilhaben an unserer persönlichen
Weihnachtszeit. Für uns bedeutet sie viel Arbeit, verbunden mit Besinnlichem,
Ritualen, Freude und Genugtuung.
Wir wünschen Ihnen eine lichterfüllte Adventszeit, besinnliche Weihnachtstage
und viele gemütliche Mussestunden an den Tagen zwischen den Jahren.

Marie-Helen Frey, Helen Schmid und Helen Schreiber

Bevor die Adventszeit beginnt ...

Sonnengedanken im Winter

Ein erfülltes Jahr neigt sich dem Ende zu. Die Felder liegen unter einer ersten feinen Schneedecke, Ruhe ist eingekehrt. Ich liebe den Winter. Es wird still und auf einmal gibt es dann und wann etwas freie Zeit. Ich gönne mir eine Pause mitten im Nachmittag und setze mich mit einer Tasse Tee ans Fenster. Über dem Wald zieht ein Schwarm Krähen mit heiserem Krah weite Kreise, vor dem Fenster picken Rotkehlchen, Meise und Amsel die Sonnenblumekerne, die ich ihnen gestreut habe. Der Duft eines Sommerabends steigt aus der Tasse auf: Sonne und Abendrot schlummerten wie ein Geheimnis in den Pfefferminzblättern und Lindenblüten und wurden nun durch das heisse Wasser geweckt, um mir die Geschichte des vergangenen Sommers zu erzählen.

Meine Gedanken bekommen Flügel und tragen mich da- und dorthin, lassen mich einen Blick auf die Berge von goldenem Korn werfen, die unsere Felder uns geschenkt haben, auf den gut bestellten Garten, in dem ich so viele Stunden gearbeitet habe, damit die Salate und Kohlköpfe friedlich in der Sommersonne dösen dürfen und weder Unkräuter sie ersticken noch Schädlinge sie verdrücken. Dann taucht auf einmal hinter dem Bild der tiefroten Erdbeeren die Erinnerung an jenen Tag auf, an dem ein Unwetter einen grossen Teil der Kirschenernte zerstört hat, Hagel und Blitze schiessen aus dunkelgrauem Himmel, das Heulen des Sturmes lärmt noch einmal in meinen Ohren und ich fühle wieder die Ohnmacht, mit der wir dem Wüten zuschauen mussten. Wer mit der Natur arbeitet, muss säen und hegen, auch wenn er nicht weiss, wie viel er ernten wird. Aber wer nicht sät, wird mit Bestimmtheit nichts ernten.

Meine Gedanken sind hell. Ich ahne hinter allem ein feines Weben und Wirken; ich muss nicht wissen, was es ist, aber in meinem Alltag als Bäuerin wird es offensichtlich, dass wir Menschen nur einen Teil beisteuern können zum Gelingen. Da wirken unterstützende und auch widrige Kräfte. Manchmal rede ich einfach vor mich hin, vielleicht hört mich jemand, vielleicht auch nicht. Es spielt keine Rolle. Meine Worte oder Gedanken sind wie Lichtfunken, und ich muss nicht die Verantwortung dafür übernehmen, wo sie landen und was sie bewirken. Hauptsache, es ist Licht. Es ist, als ob das Licht meine Bestimmung wäre – es zieht mich an, es macht mich glücklich. Und noch glücklicher macht es mich, wenn ich es mit andern teilen kann.

Meine Liebe zum Licht scheint schon in meinem Namen zu liegen: Helen, die Sonnenhafte, Lichtvolle. Ich gehe mit, wenn das Licht draussen abnimmt und die Tage kürzer werden, während in den dunklen Nächten die Sterne besonders klar funkeln. Auch sie haben ihr Licht von der Sonne. Und manche sind ja selbst Sonnen ... Der Dezember ist für mich die Zeit der kleinen Freuden. Sie sind meine Adventslichter, die mich durch den Dezember auf die Wintersonnwende und Weihnachten zu begleiten. Das Lichterfest. Danach kann sich die Dunkelheit nicht mehr weiter ausbreiten, aber auch das Licht verharrt noch ein wenig, so als ob nach den Festtagen eine Pause angesagt wäre. In der stillen Zeit zwischen den Jahren entsteht Raum für dankbare Erinnerungen ans vergangene und Wünsche an das kommende Jahr. Und dann, am Königstag, hat das Ausatmen der Erde ein Ende, das Feuer richtet sich aus seiner Verneigung wieder auf und wendet sich tatendurstig nach aussen. Nun ist die Weihnachtszeit vorüber, die Lichtsamen wachsen einem neuen Sommer entgegen.

An jedem einzelnen Tag in der Advents- und Weihnachtszeit werde ich ein kleines Licht anzünden. Ich werde mir und andern kleine Freuden bereiten, werde mir Momente des Innehaltens schenken, Raum schaffen für kreatives Werken oder mir dies und jenes erlauben, was das Jahr über nicht drinliegt. Vorfreude ist in mir, während die Krähen lautlos in die frühe Dämmerung hinter dem Wald tauchen.

1. Dezember

Kerzenlicht

Beim Kerzenlicht
fällt es viel leichter,
das Herz zu öffnen,
Probleme des Alltags
zu vergessen
und sich auf das
zu besinnen, was wichtig
ist im Leben:
Liebe, Hoffnung, Menschlichkeit.

Adventskalendermemory

Material
24 **Schraubverschlüsse von**
Milchflaschen
(*Tipp*: **Frühzeitig mit**
Sammeln beginnen)
12 Paare **kleiner Bildchen**
oder Gegenstände:
Sujets von Geschenkpapier,
Sticker, Fotos von Familien-
angehörigen, Steinchen,
bunte gepresste Herbst-
blätter, Muscheln, Gewürze
(Sternanis, Nelken, Pfeffer
usw.), Schokoladeherzchen
12 farbige **Couverts**

1   Es werden 12 Paare von Bildchen oder kleinen Gegen-
ständen gesucht, die in einem Schraubverschluss einer
Milchtüte Platz finden. Entweder sehen sie genau gleich aus
oder sie sind thematisch verwandt.

2   Jeden Gegenstand / jedes Bild ins Innere eines Deckels
kleben.

3   24 Tüten aus einer Couvertecke schneiden (aus einem
Couvert ergeben sich zwei Tüten). Nach Belieben mit
Sternen bekleben.

4   Die Tüten von 1 bis 24 durchnummerieren.

5   In jede Tüte wird ein Memoryteilchen eingepackt.

6   Die Päckchen wahllos gemischt mit Wäscheklammern
an einer Schnur aufhängen.

Erinnerung und Erwartung

Advent heisst Ankommendes, Ankunft. In der vorweihnächtlichen Zeit treffen Vergangenheit und Zukunft in besonderer Weise aufeinander. Diese Stimmung der Erwartung macht die Menschen feinfühliger. Erinnerungen an die Kindheit werden wach, vielleicht schleichen sich Wehmut und Traurigkeit ein über Verpasstes, Schmerzendes und Verlorenes. Es kann für die Seele heilsam sein, wenn die Trauer um das Vergangene zugelassen wird. Danach ist der Weg offen für das Werdende und Freudvolle. Für das, was Weihnachten schenken will.

Fricktaler Eierkirschsterne

125 g **weiche Butter**
100 g **Puderzucker**
1 Prise **Salz**
1 **Zitrone, abgeriebene Schale**
1 **Ei**
180 g **Weissmehl**
70 g **Maizena**
100 g **geriebene Mandeln**
1 Briefchen **Vanillezucker**
1 Prise **Zimtpulver**

Füllung
100 g **Puderzucker**
ca. 5 EL **Fricktaler Eierkirsch**

Puderzucker, zum Bestreuen, nach Belieben

1 Butter, Puderzucker, Salz, Zitronenschale und Ei zu einer luftigen, cremigen Masse rühren. Übrige Zutaten mischen und unter die Buttermasse rühren.

2 Butterteig im Kühlschrank zugedeckt 2 Stunden ruhen lassen.

3 Backofen auf 180 °C vorheizen.

4 Teig 2 mm dick auswallen. Sterne ausstechen. Die Hälfte der Sterne wie für Spitzbuben lochen. Auf ein mit Backpapier belegtes Blech legen.

5 Buttersterne in der Mitte im vorgeheizten Ofen bei 180 °C etwa 10 Minuten backen.

6 Puderzucker und Eierkirsch glatt rühren. Je einen Teelöffel Füllung auf die ungelochten Sterne geben, einen gelochten Stern darauflegen. Nach Belieben mit Puderzucker bestäuben.

Kranz und Kerzen

Der Adventskranz aus immergrünen Zweigen ist ein Symbol für das immer Wiederkehrende, Ewige. Die vier Kerzen verkörpern die Zeit und ihre vier Eckpunkte im Jahreslauf: die Tag- und Nachtgleiche im Frühling, die Sommersonnwende, die Herbstgleiche und die Wintersonnwende. Am ersten Adventssonntag wird die Frühlingskerze angezündet, dann jeden Sonntag eine weitere, bis alle vier Kerzen brennen: Das Licht ist immer stärker als die Dunkelheit.

Das Flechten ist eine besinnliche Arbeit, bei der die Gedanken zur Ruhe kommen. Das Grundgerüst bildet ein Stroh- oder Weidenring. Darum herum werden auf etwa 15 cm zugeschnittene Tannäste ziegelartig mit einem Gärtnerdraht gebunden. Auch Buchs, Thuja oder Stechpalme können verwendet werden. Die Kerzen werden mit speziellen Kranzkerzenhaltern oder mit auf beiden Seiten zugespitzten Nadeln festgesteckt. Mit Hagebutten, getrockneten Rosen, kleinen Zapfen usw. kann der Kranz individuell geschmückt werden.

Fensterkerzen

Wirkungsvoller Fensterschmuck: Kerzen aus Drachenpapier in unterschiedlicher Grösse.

1   Aus rotem Drachenpapier wird ein quadratisches Blatt ausgeschnitten.

2   Um den Mittelpunkt bestimmen zu können, wird das Papier je diagonal gefaltet. Dazu werden je zwei gegenüberliegende Ecken aufeinandergelegt, in der Mitte ein wenig zusammengedrückt, danach wird das Blatt wieder geöffnet und dasselbe mit den andern beiden Ecken wiederholt. Der Mittelpunkt wird markiert.

3   Zwei gegenüberliegende Eckpunkte werden zum Mittelpunkt geführt und das Papier gefalzt.

4   Die beiden soeben entstandenen Kanten werden zur Mittellinie geführt und ebenfalls gefalzt.

5   Die unteren und oberen Ecken werden so umgeklappt, dass ein Rechteck entsteht.

6   Alle Teile mit etwas Leim festkleben.

7   Aus gelbem, doppelt gefaltetem Drachenpapier wird eine grosse Flamme ausgeschnitten, dazu eine kleinere Flamme aus doppelt gefaltetem orangem Drachenpapier.

8   Die gelbe Flamme mit ein paar Leimpunkten zusammenkleben, danach beidseitig je eine orange Flamme aufkleben.

9   Aus etwas rotem Papier wird eine noch einmal kleinere Flamme geschnitten und einseitig aufgeklebt.

10   Flamme und Kerze zusammenkleben und mit kleinen, wiederablösbaren Klebstreifenstückchen an die Fensterscheibe anbringen.

4. Dezember

Barbarazweig

Meine Mutter stellte am 4. Dezember immer einen Kirschbaumzweig ein und erzählte uns, wenn dieser an Weihnachten Blüten trage, gebe es ein gutes Jahr. Der Brauch hat seinen Ursprung in der Legende der heiligen Barbara: Auf dem Weg ins Gefängnis, in das sie ihres Glaubens wegen von ihrem eigenen Vater abgeführt wurde, verfing sich ein Zweiglein in ihrem Haar. Sie stellte es in der Zelle in Wasser ein. Das Aufbrechen der Knospen gab ihr Hoffnung in der schweren Zeit vor ihrem Tod.

Heute schenkt man mit einem Zweig am Barbaratag Freude und Hoffnung.

Freude und Hoffnung sind nicht Dinge, die wie ein materielles Geschenk verpackt werden können. Zwar drückt ein hübsch verpacktes und liebevoll verziertes Geschenkpäckchen Freude aus und vermag sie beim Beschenkten auch zu wecken, aber wie kann ohne Worte Hoffnung verschenkt werden? – Ich backe Fricktaler Nussschiffchen, fülle einen originellen Guetzlibeutel und verziere das Päckchen liebevoll mit einer Adventsmasche und einem Barbarazweig. Ein kleines Zweiglein kann zusätzlich als Dekoration in ein Reagenzgläschen gesteckt und in die Masche eingebunden werden.

Als Blumenstrauss der Hoffnung und der Freude können an diesem Tag Kirschbaumzweige geschnitten und in einer schönen Vase verschenkt werden.

Fricktaler Nussschiffchen – ein Winterguetzli

1   Alle Zutaten in eine Schüssel geben und mischen, bis die Masse zusammenhält.

500 g **geriebene Baumnüsse**
500 g **Zucker**
5 **Eiweiss**
3 EL **Kirsch**
3 Tropfen **Bittermandelaroma**

2   Die Nussmasse mit zwei Teelöffeln portionieren und «Schiffli» formen, auf ein mit Backpapier belegtes Blech legen. Nach Belieben mit Baumnüssen garnieren. Über Nacht trocknen lassen.
Nussschiffli in der Mitte in den auf 160 °C vorgeheizten Ofen schieben und 15 bis 20 Minuten backen.

5. Dezember

Kluge Kinder lernen backen

Wie lieben es die Kinder, beim Grittibänzenbacken dabei sein zu dürfen! Mit erfindungsreicher Spielfreude verwirklichen sie ihre eigenen Ideen. Es entstehen lustige Bänze, die fast zu schön sind, um aufgegessen zu werden. Ohne es zu merken, erwerben die Kinder dabei wertvolle Lebenspraxis. Das Abwägen und Abmessen bei der Teigherstellung, das Erlebnis des Aufgehens des Teiges, das Formen und Verzieren – dies alles ist hilfreich für die Intelligenzentwicklung. Und an die gemütlichen Stunden werden sie sich lebenslang erinnern.

Wenn am nächsten Tag der Samichlaus seinen gefüllten Sack ausleert, sind vielleicht die eigenen Grittibänze dabei: Die Mutter erklärt den Kindern, dass man dem Chlaus backen hilft und legt am Vorabend die Grittibänze für den Sack auf einer Serviette auf den Fenstersims oder an einen trockenen Ort vor dem Haus.

Grittibänze

für 12 Grittibänze

1 kg Weissmehl
20 g Salz
6 dl Milch
20 g Hefe
60 g Zucker
100 g weiche Butter
Weinbeeren oder Sultaninen

1 – 2 Eigelbe, zum Bepinseln
Hagelzucker,
zum Bestreuen

1   Mehl, Salz und Zucker in einer Teigschüssel mischen, eine Vertiefung drücken, Hefe in der Milch auflösen, zusammen mit der Butter in die Vertiefung geben, einen glatten, geschmeidigen Teig kneten. Teigschüssel mit einem feuchten Tuch zudecken, Hefeteig auf das doppelte Volumen aufgehen lassen.

2   Teig nochmals durchkneten. In 12 Portionen teilen. Längliche Teigstücke von 15 cm Länge formen. Auf ein mit Backpapier belegtes Blech legen. Durch Einschneiden mit der Schere Kopf, Arme und Beine formen. Für die Augen und Knöpfe Weinbeeren in den Teig drücken. Eigelb mit ein paar Tropfen Wasser verdünnen, Grittibänze damit bestreichen, nach Belieben mit Hagelzucker bestreuen, 20 Minuten gehen lassen.

3   Backofen auf 200 °C vorheizen.

4   Grittibänze auf der zweituntersten Schiene in den Ofen schieben und bei 200 °C etwa 20 Minuten backen.

Samichlaus – Sankt Nikolaus

Der Bischof von Myra galt als grosszügig und wohltätig. Der Sage nach verschenkte er sein grosses Erbe an Arme, die in Not geraten waren. Hierzulande werden an seinem Namenstag die Kinder vom Samichlaus, dem Schmutzli und – falls es nicht krank ist – dem Eselchen besucht, gelobt oder ermahnt und mit Mandarinen, Nüssen, Grittibänze und Schokolade beschenkt.

Em Samichlaus sis Eseli isch schüli, schüli chrank.
Es hilft im gar keis Mitteli, au nid de beschti Trank.
Morn söttis früe im Stettli si, wie durets alli Chind,
Das arme, chranke Eseli dörf nid dur Schnee und Wind.

Mängs Chind schloft hütt no lang nid ii, vo Chummer überno,
De Samichlaus und s Eseli chönd morn allweg nid cho.
Denn endli schlafed d Chinde ii, tags druf isch d Fröid denn gross:
De Samichlaus ond s Eseli stönd dusse uf de Stross.

Lebkuchen – *das 100-jähriges Rezept*

1   Zucker in einem Gusseisentopf hellbraun karamellisieren, mit dem heissen Wasser ablöschen, Karamell auflösen, abkühlen lassen.

2   Mehl, Natron und Birnbrotgewürz in der Teigschüssel mischen. Butter, Honig und Rahm unterrühren, zu einem Teig kneten. Zugedeckt 3 Stunden ruhen lassen.

3   Teig nochmals durchkneten. Auf etwas Mehl 1 cm dick auswallen, beliebige Formen ausstechen, auf ein mit Backpapier belegtes Blech legen.

4   Lebkuchen in der Mitte im auf 180 °C vorgeheizten Ofen etwa 15 Minuten backen.

Tipp   Heisse Lebkuchen mit Schokoglasur bestreichen oder individuell dekorieren mit Puderzuckerguss.

700 – 800 g **Weissmehl**
2 TL **Natron**
1 EL **Birnbrotgewürz**
300 g **Zucker**
½ **Tasse heisses Wasser**
100 g **weiche Butter**
4 EL **flüssiger Honig**
2 dl **Rahm**

7. Dezember

Weggen wecken Erinnerungen

Beim Backen von Birnenweggen schweifen meine Gedanken in die Kindheit. Birnenweggenduft im Haus gehörte in die Weihnachtszeit. Es war ein edles Gebäck, das aus hofeigenen Zutaten aus dem Vorrat gebacken werden konnte. Das Backen im Holzofen beschränkte sich auf die Winterzeit, weil es viel Zeit in Anspruch nahm.

Meine Mutter hat jeweils aus 15 Kilogramm Mehl Birnenweggen gebacken. Wir Kinder durften ihr dabei helfen. Vor allem die Füllung hatte es in sich. Die getrockneten und gekochten Dörrbirnen und Zwetschgen von Hand durch den Fleischwolf zu drehen, war für uns Kinder eine anstrengende Arbeit.

Die fertigen Weggen wurden bis zum Verzehr in Leinentücher gewickelt und in einer Truhe auf der Laube aufbewahrt. Die Birnenweggen wurden verschenkt oder, wenn Besucher kamen, mit einem Glas Wein genossen.

Birnenweggen — ein altes Aargauer Rezept

Teig
250 g **Weissmehl**

500 g **Weissmehl**
1 TL **Salz**
100 g **kalte Butterstückchen**
1 **Ei**
1 EL **Öl**
2 ½ dl **Milch**

Füllung
250 g **Dörrbirnen**
100 g **Dörräpfel**
5 EL **Zucker**
4 EL **geriebene Haselnüsse**
1 EL **Kirsch**
Zimt- und Nelkenpulver

1 **Ei, Eigelb und Eiweiss
getrennt, zum Bestreichen**

1   Mehl und Salz in einer Teigschüssel mischen, mit Butterstückchen krümelig reiben. Ei, Öl und Milch verquirlen, nach und nach zum Mehl geben, zu einem weichen Teig kneten. Über Nacht zugedeckt kühl stellen.

2   Dörrbirnen und Dörräpfel über Nacht getrennt im Wasser einweichen. Im Einweichwasser weich kochen. Abgiessen und ein wenig Flüssigkeit auffangen. Dörrfrüchte durch das Passevite drehen. Alle Zutaten für die Füllung mischen, würzen. Die Masse muss streichfähig sein, je nach Konsistenz etwas Kochflüssigkeit unterrühren.

3   Teig in drei oder vier Portionen teilen, rechteckig auswallen, drei Viertel der Fläche mit der Füllung bestreichen. Teigränder mit verquirltem Eiweiss bestreichen. Schmalseiten einschlagen, Teigblatt in Längsrichtung aufrollen. Auf ein mit Backpapier belegtes Blech legen. Mit einer Gabel ein paar Mal einstechen. Eigelb mit ein paar Tropfen Wasser verdünnen, Birnenweggen damit bestreichen.

4   Birnenweggen auf der zweituntersten Schiene im auf 200 °C vorgeheizten Ofen 35 bis 40 Minuten backen.

8. Dezember

Lust und Last des Schenkens

Heute ist Mariä Empfängnis. In katholischen Gegenden ist dies ein Feiertag. Viele nutzen die Gelegenheit, in nahe gelegenen reformierten Regionen zum Weihnachts-Shopping zu gehen. Auch ich gönne mir den Freitag und fahre ausgerüstet mit einer langen Geschenkliste in die Stadt. Hektische Rastlosigkeit erwartet mich da. Quengelnde Kinder, ungeduldige Eltern, Stille Nacht und O du fröhliche aus Lautsprechern und von Strassenmusikanten. Ich setze mich mit einer Tasse Tee aus der Thermosflasche auf eine Bank und lasse die «schwer beladenen» Menschen auf mich wirken. Wie viel von all dem Verschenkten wird nach kurzer Zeit unauffällig entsorgt werden?

Mir ist nicht mehr ums Shoppen zu Mute, ich schlendere durch die stilleren Gassen der Stadt. Auf dem Heimweg bin ich etwas unglücklich darüber, dass ich auf meiner Liste nichts abhaken kann. Spontan entscheide ich mich, selbstgemachte Produkte und Zeitgutscheine zu verschenken. So kann ich am Abend die Geschenkliste fast vollständig ausfüllen.

Witzpäckchen

Es ist schon einige Jahre her, seit das mit den Weihnachtsgeschenken in unserer Familie endgültig ausartete. Damals beschlossen wir in einer Familienversammlung, einander in Zukunft nichts mehr zu schenken. Aber eben, Geschenkeauspacken ist halt doch etwas Schönes, und so kamen wir zum Schluss, dass nur noch Selbstgemachtes und Witzpäckchen erlaubt seien.

Nun, was ist ein «Witzpäckchen»? Der Name verrät es: Es darf zum Lachen sein. Liessen die Kinder zum Beispiel ihre Sachen und Sächelchen zu lange irgendwo herumliegen, verschwanden diese plötzlich, wurden in altes Geschenkpapier gepackt – und tauchten dann unter dem Weihnachtsbaum wieder auf, eben als Witzpäckchen. Wir haben jedes Jahr an Weihnachten ein Riesengaudi, weil die Spannung so gross ist.

Einer unserer Söhne hatte damals schon eine eigene Wohnung, als er verkündete, er habe jetzt einmal toll geräumt und seinen Plunder auf den Flohmarkt gegeben. Selbstverständlich schaue ich mich an diesem jährlich stattfindenden Flohmarkt auch gerne um, um etwa etwas Originelles für ein Witzpäckli zu ergattern. Und was sehe ich? Das Steiff-Mecky-Igelchen meines Sohnes, das er vor Jahren vom Grosi geschenkt bekommen hatte. Dass er sich davon hatte trennen können! Nun, ich eroberte das Igelchen zurück – und er packte es an Weihnachten ein zweites Mal aus. Augen und Gelächter waren gross!

Weihnachten ist für uns etwas sehr Fröhliches geworden. Der «Gwunder», welcher Witz wohl im Päckchen wartet, ist das Wesentliche geworden, nicht das Geschenk selbst. Seit 25 Jahren werden wir immer noch kreativer. Manchmal artet es schon fast wieder aus ... wie früher.

Sterne

Sterne, diese geheimnisvollen Wegweiser, und Weihnachten gehören untrennbar zusammen. Ein Stern hat damals vor rund 2000 Jahren den Sternkundigen aus dem Morgenland den Weg zum Stall gewiesen, in dem das neugeborene Kindchen zu finden war. Es lag gebettet auf Stroh, gewärmt von Ochse und Esel – eine andere Unterkunft hatte sich nicht finden lassen. Der Stern wies aber auf die Ankunft einer hohen Persönlichkeit hin – auf die Geburt des Königs aller Könige: In diesem kleinen Kind sollte das Göttliche im Menschen verwirklicht werden. Seine Geburt feiern wir an Weihnachten.

Genähte Sterne

1   Aus einem Stück Karton eine Sternschablone ausschneiden.

2   Die Sternschablone auf das Sichtmäppchen legen und mit Kugelschreiber die Umrisse zeichnen.

3   Sterne füllen, indem man im Bereich des Sterns verschiedene Inhalte in das Mäppchen füllt: Streusterne, bunte Stoffe und Papiere, Glitzerfäden, Bänder usw. Bänder ein wenig über den Stern-Umriss hinaus vorstehen lassen, sie werden beim Nähen der Zacken fixiert.

Material
Karton
Sichtmäppchen
Füllmaterial
wie Streusterne, bunte
Stoffe und Papiere,
Glitzerfäden, Bänder usw.

4   Mit mittlerer Stichlänge nähen.

5   Fäden am Ende verknüpfen und als Aufhängung benützen.

6   Mit 1 bis 2 mm Abstand ausserhalb der Naht die Sterne ausschneiden.

Die originellen Sterne verzieren den festlichen Tisch, das Fenster oder Geschenkpäckchen.

10. Dezember

Adventsfenster

Die Adventszeit ist um einen Brauch reicher geworden, der in vielen Ortschaften viel zur besinnlichen Geselligkeit in der dunklen Zeit beiträgt: An 24 Abenden wird irgendwo im Dorf ein weihnächtlich gestaltetes Fenster neu erleuchtet. Nachbarn, Freunde und Behörden kommen vorbei, um das Fenster zu bestaunen. Manchmal wird ein winterlicher Apero angeboten. Gerade mit Kindern zusammen ist es ein schönes Ritual, so oft wie möglich bei der Öffnung eines neuen Fensters dabei zu sein. Die Spaziergänge durch die Winternächte bleiben unvergesslich.

Die Gestaltung eines eigenen Adventsfensters kann ganz einfach sein. Mein erstes Fenster bastelten wir aus lauter Dingen, die im Haus zu finden waren: Weihnachts- und Winterstoffe, Plüschtierchen, Watte. Der Weihnachtsstoff dient als Rückwand und wird mit Reissnägeln an den Fensterrahmen geheftet. Aus der Watte werden viele kleine Schneeflocken geformt und mit einem Tupfer Heissleim ans Fenster geklebt. Passende Plüschtierchen können hinter der mit Schneeflöckchen bedeckten Fensterscheibe platziert werden. Sie schauen «durchs Schnee-gestöber» zum Fenster hinaus und vermitteln Frieden und Geborgenheit.

Psst, Sankt Nikolaus schläft

Im dörflichen Adventskalender fiel der 7. Dezember auf unsere Familie. Lange überlegte ich, welches Motiv ich in unser Fenster einbauen könnte. Schliesslich hatte ich eine Idee und machte mich mit Hilfe der Familienmitglieder ans Umsetzen.
Ich besorgte mir ein altes Flanellnachthemd meines Vaters und borgte mir gleichzeitig karierte Bettwäsche aus. Das alte, fast hundertjährige Bettgestell wurde vom Estrich geholt. Wir stellten eine Gipsmaske her und bemalten das Gesicht mit roten Wangen und schlafenden Augen. Dann bauten wir das alte Bett am Fenster auf, stopften das Nachthemd in Form und liessen am Fussende gestrickte rote Socken unter der Bettdecke hervorschauen. Eine alte weisse Kunstpelz-mütze aus meiner Kinderzeit gab zusammen mit der Maske Kopfgrösse und weisses Haar her. Über den so entstandenen Kopf stülpten wir eine rote Zipfelmütze und montierten einen weissen Bart an die Kinnpartie. Eine Laterne auf der Marmorplatte des Nachttischs spendete Licht. Am unteren Bettteil, über einer Stuhllehne, sorgte der rote Sankt Nikolausmantel dafür, dass man merkte, wer da im Bett lag.
An der Fenstereröffnung sorgte der schlafende Sankt Nikolaus für eine gute Stimmung, und noch Tage später senkten die Nachbarskinder ihre Stimmen, wenn sie am Fenster vorübergingen: «Psst, Sankt Nikolaus schläft ... »

11. Dezember

Apfelduft

Warme Apfelgerichte sind aus der Advents- und Weihnachtszeit nicht wegzudenken. Für köstliche Kuchen, Aufläufe oder Vorräte wie Apfelmus und getrocknete Apfelringli werden die aussortierten Äpfel verwendet.

Der Apfel ist das Symbol für die Vertreibung aus dem Paradies. Seinen lieblichen Duft verbreitet er mitten im Winter und schafft in unseren Küchen und Stuben eine ganz besondere Geborgenheit. Wie schön ist es, ein Zuhause zu haben!

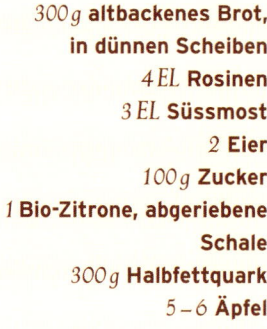

300 g **altbackenes Brot,
in dünnen Scheiben**
4 EL **Rosinen**
3 EL **Süssmost**
2 **Eier**
100 g **Zucker**
1 **Bio-Zitrone, abgeriebene
Schale**
300 g **Halbfettquark**
5 – 6 **Äpfel**

Guss
3 **Eier**
2 dl **Milch oder Rahm**
1 TL **Zimtpulver**
60 g **Zucker**

**gehackte Baumnüsse
oder Mandelblättchen,
nach Belieben**

Apfelauflauf

1   Rosinen mit dem Süssmost marinieren.

2   Eier, Zucker und Zitronenschale cremig aufschlagen, Quark unterrühren. Äpfel schälen, halbieren, Kerngehäuse ausstechen, Apfelhälften auf der Röstiraffel zur Quarkmasse reiben, Zitronensaft beifügen, alles mischen.

3   Eine feuerfeste Form mit Butter einfetten. Boden mit Brotscheiben belegen, die Hälfte der Quark-Apfel-Masse darauf verteilen, mit Brotscheiben bedecken, restliche Quark-Apfel-Masse darauf verteilen, mit Brotscheiben abschliessen.
Die Zutaten für den Guss gut verrühren und darübergiessen. Mit Baumnüssen oder Mandelblättchen bestreuen.

4   Apfelauflauf in der Mitte im auf 200 °C vorgeheizten Ofen etwa 40 Minuten backen.

12. Dezember

Winterlicher Begrüssungsaperitif

Warum nicht einmal die Gäste draussen vor dem Haus mit einem feinen, selbst hergestellten Punsch begrüssen? Eine einzigartige Stimmung ist garantiert! Die Abende in der Adventszeit sind lang, oft funkeln die Sterne besonders klar am Himmel. Kein elektrisches Licht, dafür viele Kerzen im Empfangsbereich schaffen eine wundervolle Vorweihnachtsstimmung.

Punschextrakt *zum Verschenken*

für ca. ½ l Punsch

1 Bio-Zitrone
1 Bio-Orange
100 g **Kandiszucker**
1 **Vanilleschote, in 3 Teilen**
1 **Zimtstange, gedrittelt**
6 **Gewürznelken**
½ TL **Anissamen**
2 – 3 dl **Rum**

1 Orange und Zitrone waschen. Schalen mit dem Sparschäler dünn abschälen, Sternchen und Herzchen ausstechen.

2 Orangen- und Zitronenschalensternchen / -herzchen mit Kandiszucker und Gewürzen in eine Flasche mit Schraubverschluss geben, mit dem Rum auffüllen.

3 Punschextrakt 3 bis 4 Wochen kühl und dunkel lagern, damit sich das Aroma gut entwickeln kann.

Verwendung 2 – 3 EL Punschextrakt dem heissen Tee beigeben.

Flasche etikettieren «Für kalte Wintertage; 2 – 3 EL Punschextrakt dem heissen Tee beigeben. Das weckt im Nu die Lebensgeister.»

Lucia-Fest

Eine Licht-Schwester der leuchtenden Helen ist die Heilige Lucia. Das Fest zu ihren Ehren stammt aus Schweden, und zwar aus der Zeit vor der Kalenderreform. Damals fiel der kürzeste Tag des Jahres auf den 13. Dezember. Das Lucia-Fest wird in allen nördlichen Ländern gefeiert. Weissgewandete Mädchen mit einem Lichterkranz auf dem Kopf besuchen in einer Prozession singend die Menschen und verteilen das typische süsse Lucia-Gebäck. Auch bei uns wird der Brauch vermehrt gepflegt – und sei es nur, um diesen feinen Lucia-Kranz geniessen zu können ...

Lucia-Zopf

500 g **Weissmehl**
100 g **Zucker**
2 **Briefchen Trockenhefe**
2 TL **Salz**
½ TL **Kardamompulver**
100 g **Butter**
½ dl **lauwarmes Wasser**
2 dl **Milch**
2 **Eier**

Zitronenglasur
200 g **Puderzucker**
1 EL **Zitronensaft**
Wasser

Baumnusshälften
rote und grüne
kandierte Kirschen

1   Mehl, Zucker, Trockenhefe, Salz und Kardamom in der Teig-schüssel mischen. Butter im warmen Wasser auflösen, Milch und Eier unterrühren, in die Teigschüssel geben, zu einem weichen Teig kneten. Schüssel mit einem feuchten Tuch zudecken. Hefeteig auf das doppelte Volumen aufgehen lassen.

2   Teig nochmals kurz durchkneten. Aus ²/₃ des Teiges einen dreiteiligen Zopf flechten (wie einen Haarzopf).

3   Ein grosses Backblech mit Butter einfetten. Eine leere Konservendose mit Butter einfetten und zum Beschweren einen Stein hineinlegen, auf das Blech setzen. Den Hefezopf um die Dose legen und zu einem Kranz schliessen. Restlichen Teig halbieren und zwei dünne Stränge formen, verschlingen, mit etwas Wasser an den Zopf kleben. 30 Minuten gehen lassen.

4   Zopf auf zweitunterster Schiene im auf 200 °C vorgeheizten Ofen 10 Minuten backen, dann weitere 30 Minuten bei 180 °C. Büchse vorsichtig entfernen.

5   Für die Glasur Puderzucker mit Zitronensaft und wenig Wasser zu einer dickflüssigen Masse rühren. Den noch heissen Zopf damit bestreichen, mit Nüssen und kandierten Kirschen dekorieren.

Haltbarkeit   Der Lucia-Zopf kann im Tiefkühler 2 Monate aufbewahrt werden.

Weihnachtsmenü planen

Mit einer frühzeitigen Vorbereitung des Weihnachtsmenüs erspart man sich am Weihnachtstag viel Arbeit und Hektik. So gibt es auch am Festtag selbst ein paar Mussestunden für die Hausfrau, und die Weihnachtsfeier kann entspannt genossen werden.

25. Dezember

Vorspeise
Nüsslisalat mit pikanten Weihnachtssternen

Hauptgang
Weihnachtsfilet mit Pilzsauce
Safranknöpfli
Rüeblisterne

Dessert
Eierkirschparfait mit Kirschenkompott

1–2 Wochen vorher

· *Safranknöpfli*   Rezept im Anhang

· *Eierkirschparfait*   Rezept im Anhang

· *Weihnachtsfilet mit Pilzsauce*   Rezept im Anhang

1–3 Tage vorher

· *Rüeblisterne*   Rezept im Anhang

· *Nüsslisalat*   Rezept im Anhang – 1 Tag vorher vorbereiten

· *Pikante Weihnachtssterne*   Rezept im Anhang – 1 Tag vorher zubereiten

15. Dezember

Selbstgemachtes schenken

An Weihnachten darf so viel geschenkt werden wie nie sonst das Jahr durch. Mit einem Geschenk kann wortlos ausgedrückt werden, wie wertvoll jemand für einen ist. Und das Schönste dabei: Aus freiem Herzen schenken macht beide Seiten glücklich.
Selbstgemachtes aus Küche und Garten ist als Geschenk immer willkommen. Besonders in der Weihnachtszeit hat sich meine Mutter viel Zeit genommen, mit uns Kindern schöne Gegenstände herzustellen. Später habe ich es mit meinen Kindern gleich gehalten. Welcher Frieden auf einmal entsteht! Wer den Advent so erleben durfte, wird sich immer gerne an diese wunderschöne Zeit erinnern.

Eierkirsch

1 Eigelbe mit dem Zucker zu einer cremigen, dickflüssigen Masse aufschlagen. Rahm zugeben, weiterrühren, bis die Masse schön cremig ist. Kirsch zugeben und rühren, bis er sich mit der Eigelbmasse verbunden hat.

2 Eierkirsch in Flaschen füllen. Kühl und dunkel aufbewahren. Trinktemperatur 10 bis 12 °C.

Tipp Das Eiweiss für Kokosmakronen, Zimt- oder Nusssterne verwenden.

für 1,1 Liter

Zum Rezept Der Eierlikör ist besonders zur Weihnachtszeit sehr beliebt und eignet sich auch bestens zum Verfeinern von Desserts.

6 **frische Eigelbe**
350 g **Zucker**
¹/₂ l **Rahm**
3 dl **Kirsch**

Abbildung Eierkirschparfait - Rezept hinten im Buch

Wellness schenken

Ein originelles kleines Geschenk für Göttis, Grosis oder liebe Bekannte, die man mit einem kleinen Geschenk vor Weihnachten überraschen möchte, sind die duftenden Tabs fürs Wohlfühlbad. Sie sind schnell hergestellt und laden zu einem wärmenden Bad oder einem aufmunternden Fussbad ein.

Tabs fürs Wohlfühlbad

für 15 Tabs

150 g **Maizena**
130 g **Natronbicarbonat (Backpulver)**
130 g **Zitronensäure (Drogerie)**
7–8 EL **Rapsöl oder Olivenöl**
4 TL **ätherisches Öl, z. B. Rosenöl, Limonenöl, Lavendelöl**
Lebensmittelfarbe

1 Maizena, Natronbicarbonat und Zitronensäure verrühren. Öl, ätherisches Öl und Lebensmittelfarbe dazugeben, zu einem geschmeidigen Teig kneten (Achtung: Nicht mit Wasser in Kontakt bringen).

2 Masse in Teelichthülsen füllen. Mindestens 5 Tage trocknen lassen.

3 Teelichthülsen aufschneiden, Tabs vorsichtig herausnehmen. In Klarsichtfolie einwickeln oder in ein Glas füllen. Glas nach Belieben verzieren. Fertig ist ein ganz persönliches Geschenk!

17. Dezember

Was unbedingt zur Weihnachtszeit gehört ...

Guetzliduft dringt aus der Küche,
zieht durchs ganze Haus.
Heute wollen wir Guetzli backen
für den Weihnachtsschmaus.

Zimt und Ingwer, Anis auch,
liegen schon bereit.
Vom Besten nur ist gut genug
für die Weihnachtszeit.

Kringel, Herzen, Mond und Sterne,
an alles ist gedacht.
Lauter schöne, feine Sachen,
dass das Herze lacht.

Und liegt dann alles auf dem Tisch,
die Dosen prall gefüllt,
wird Säckchen für Säckchen zart verpackt
und weihnachtlich umhüllt.

Haselnusssterne

200 g **Rohrohrzucker**
2 Eiweiss
250 g **geriebene Haselnüsse**
1 Bio-Zitrone, abgeriebene
Schale und *2 EL* **Saft**
½ TL **Zimtpulver**

geriebene Haselnüsse
oder Zucker,
für die Arbeitsfläche

1   Zucker und Eiweiss gut verrühren, übrige Zutaten unterrühren. Teig zugedeckt 30 Minuten ruhen lassen.

2   Haselnussmasse auf geriebenen Haselnüssen oder Zucker
10 mm dick ausrollen, Sterne ausstechen, auf ein mit Backpapier belegtes Blech legen.

3   Haselnusssterne auf der zweituntersten Schiene im auf
175 °C vorgeheizten Ofen 15 Minuten backen.

18. Dezember

Die Gaben der Kuh

Bauern sind eng mit den Kreisläufen der Natur verbunden. Die Geburt eines Kälbchens ist jedes Mal ein Ereignis. Mit welchem Lebenswillen und welcher Freude es sich in der Welt umschaut! Nun wird die Kuh uns weiterhin ihre kostbare Milch schenken. Immer wieder wird sie ein Kälbchen gebären, und so gehört auch das Schlachten zu unserem Alltag. Die Kuh schenkt uns gerne ihre Milch, ihr Fleisch, ihr Leder und gut gedüngte Wiesen. Dafür verlangt sie nichts weiter als ein Leben in Würde – und etwas Dankbarkeit. Im Weihnachtsmenü erinnern die pikanten Sterne aus Käse und Mostbröckli, serviert mit einem Nüsslisalat, an die Gaben der Kuh, der wir so viel zu verdanken haben (Mostbröckli-Sterne: Rezept hinten im Buch).

1 Portion / zum Verschenken

3 EL / 1 dl **Balsamico**
3 EL / 1 dl **Orangensaft**
1 EL / 100 g **Blütenhonig**
1 EL **Crème fraîche /
zum Verschenken:**
4 EL **Mayonnaise**
1 TL / 2 EL **Dijon-Senf**
½ **Zwiebel, fein gehackt /
zum Verschenken:
weglassen**
**Salz, Pfeffer, Herbamare
und Salatkräutermischung**

Salatsauce in Geschenkflasche

Für die Sauce alle Zutaten verrühren.

Für ein Geschenk die Salatsauce in eine Bügelflasche füllen und diese dekorativ anschreiben. Allerdings muss in diesem Fall wegen der Haltbarkeit die Crème fraîche durch Mayonnaise ersetzt und die Zwiebel weggelassen werden.

Abbildung Nüsslisalat mit pikanten Weihnachtssternen - Rezept hinten im Buch

19. Dezember

Mein Festtagstisch

Noch immer habe ich mich nicht entscheiden können, wie der Festtagstisch dekoriert werden soll. Seit gestern bringt die Bise eisige Polarluft zu uns. Damit es in der Stube wohlig warm wird, habe ich zusätzlich den Kachelofen eingeheizt. Die Tannen- und Föhrenzapfen, die wir im vergangenen Sommer im Wald gesammelt haben, sind beim Anfeuern eine wirkliche Hilfe. Sie verströmen einen feinen Harzduft und knistern munter. Wie ich gedankenverloren in die tanzenden Flammen schaue, kommt mir die zündende Idee. Auf dem Weihnachtstisch werden kleine Zapfen in Gläsern und bunte Glaslichter für eine festlich-wohlige Atmosphäre sorgen.

Tannzapfen-Gläser

Für die Zapfengläser suche ich die kleinsten Föhren- und Lärchenzapfen aus meinem Vorrat, fülle sie in unterschiedlich grosse Weingläser und verziere sie mit Silberfäden, Federn usw.

Bunte Lichtchen

Für die Glaslichter werden Edelbaststreifen geglättet, die ausgewählten Gläser mit Klebstoff auf Acrylbasis (z. B. «Patio Point» für Serviettentechnik) bestreichen und mit den Baststreifen umwickeln. Wenn der Bast trocken ist, mit Leimtupfern Streusterne ankleben. Ebenfalls hübsch wirken Gläser, auf die mit Fenster-malfarbe Sujets wie Engel, Sterne, Krippe usw. gemalt werden. Sie werden mit einem Rechaudkerzchen gefüllt. Besonders gut wirken jene in einem Glashalter, weil sie das farbige Laternchen voll und ganz ausleuchten.

20. Dezember

Schokolade macht glücklich

Was wäre ein Leben ohne Schokolade! Sie macht Menschen glücklich. Selbstgemachte Pralinen sind eine edle Variante. Sie eignen sich gut zum Verschenken, aber auch als Tischdekoration für besondere Anlässe. Zu den beliebtesten Pralinen gehören die Mandel-Roches, und sie sind auch für Kinder ganz einfach herzustellen.

Mandel-Roches

1 Die Mandelstifte hellbraun rösten, etwas auskühlen lassen.

2 Die Schokolade im Wasserbad schmelzen.

3 Die Mandeln zur Schokolade geben. Mit Hilfe von 2 Löffeln Häufchen formen und auf ein Backpapier setzen. Auskühlen lassen.

Die Mandel-Roches können zum Verschenken in selbstgemachte Tüten oder Schachteln verpackt werden.

Für die Tischdekoration werden die Mandel-Roches gleich nach dem Formen mit silbernen Zuckerperlen oder hellen Schokoladensternchen verziert und nach dem Auskühlen in farbige Pralinenkapseln gelegt.

100 g **helle oder dunkle Schokolade**

100 g **Mandelstifte**

Tomte – eine Wintergeschichte

Die Mittwinternacht ist bitterkalt, die Sterne schimmern und funkeln. Vor langer, langer Zeit kam ein Mann in den Wald, rodete ihn und baute ein Haus. Wer es war, weiss niemand mehr. So steht nun der Hof und schenkt seinen Schutz jenen, die ihn bewohnen, das Land bearbeiten, säen, hegen, ernten und die Erde ruhen lassen, immer wiederkehrend, Jahr für Jahr.

Es ist still. Im einsamen Hof schlafen alle, alle grossen und kleinen Menschen und alle Tiere. Der Mond steht hoch am Himmel und lässt die Tannen mit ihren Hauben aus Schnee hell leuchten. Weiss schimmert es auch von den Dächern des einsamen Gehöfts. Es scheint niemand mehr wach zu sein.

Niemand – ausser Tomte. Er hält Wache, wenn die andern schlafen. Da steht er grau am Scheunentor und schaut zum vollen Mond empor, schaut nach dem Wald, der so still dasteht, schaut hinüber zum Stall und zum Wohnhaus der Menschen. Er streicht sich mit der Hand durch den weissen Bart, er wiegt bedächtig seinen Kopf mit der roten Tomte-Mütze und bewegt darin sinnend die Rätsel der Schöpfung, aber er findet keine Antwort, die ihn ganz zufrieden macht – und möchte doch so gern verstehen, wie alles zusammenhängt. Aber genug gedacht – es gibt Arbeit zu erledigen!

In jeden Schuppen und in jeden Speicher geht er nachschauen, ob alles in Ordnung ist, ob die Türen wohl verschlossen und die Dinge an ihrem Platz sind. Im Stall liegen die Kühe wiederkäuend im Dämmerschlaf und träumen den Traum des Sommers. Der Mond scheint durchs Stallfenster und spielt mit dem Gold des Strohs, das selbst in tiefster Winternacht feine Sonnenstrahlen zu den Kühen schickt.
Tomte geht weiter zum Schafstall. Die Schafe und ihre Lämmer schlummern schon lange; aber sie spüren, wenn Tomte da ist, und bewegen sich leicht im Schlaf. Auch sie sehnen sich nach dem Frühling mit seinen würzigen Kräutern.
«Viele Winter und viele Sommer sah ich kommen und gehen. Geduld nur, Geduld! Der Frühling ist nah», wispert Tomte beruhigend.
Dann geht er zu den Hühnern, wo der Hahn stolz über seinen Hennen auf der höchsten Stange thront und von Würmern in Hülle und Fülle für seine eierlegende Frauenschar träumt.
In der Hundehütte erwacht Karo und wedelt froh mit seinem Schwanz, als Tomte zu ihm herüber kommt. Die beiden kennen sich und mögen sich gut leiden.

Tomte schleicht sich endlich leise zum Haus, in dem die Menschen wohnen. Sie haben ihn nie gesehen, aber sie wissen, dass er wacht. Abends stellen sie ihm einen Teller mit Grütze in den Schnee. Er isst nicht den Brei, aber er ernährt sich von der Liebe, die dem Schälchen entströmt.

Und wenn Mikkel, der Fuchs, in den Hühnerstall will, entwaffnet Tomte den Räuber mit Grütze und mit Worten, die dem Hungrigen tief in der Seele guttun. Tomte ist immer dann zur Stelle, wenn einer dem andern Schaden zufügen will. Er weiss von jedem, wozu er fähig ist, und nimmt nichts übel, denn er kennt die Lebewesen noch aus der Zeit, als diese wussten, dass sie zu einer einzigen Familie gehören.

Auf leisen Sohlen steigt Tomte zum Kinderzimmer hoch. Dort wartet das grösste Glück auf ihn, ja, auf diesen Moment freut er sich am allermeisten. Süss sind die Kleinen im Schlaf, mögen sie tagsüber noch so wild durch Haus und Hof stieben. Er bestaunt den feinen farbigen Lichtschimmer über den schlafenden Kinderkörpern – so bunt sind sie, so zart, so schön, die schlafenden kleinen Menschen.

Durch all die Zeiten hat er gesehen, wie aus kleinen Kindern grosse Menschen wurden. Die Bauern, die hier leben, sind von guter Art. Aber Tomte sieht mit Staunen, wie sich die Menschen verändern, wenn sie erwachsen werden. Er sieht den Zweifel, der einen Abgrund reisst in ihnen, er sieht die Sorgen und Ängste, die sie tagsüber plagen und manchmal auch nachts in den Träumen. Die Menschen scheinen zu vergessen, woher sie kommen und wohin sie Nacht für Nacht gehen.

Nun kehrt Tomte in seinen Schlupfwinkel auf dem Scheunenboden zurück. Umgeben vom Duft des Heus haust er ganz nah beim Schwalbennest. Jetzt ist es leer, aber wenn der Frühling kommt, kehrt das Schwalbenpaar wieder ein, zusammen mit all den andern Vögeln, die so lange singen, wie das Licht im Jahreslauf steigt.

Durch einen Spalt der Scheunenwand bahnt Mondschein sich einen Weg auf Tomtes weissen, langen Bart, er lässt die silbernen Haare aufblitzen, während Tomte dasitzt, den grossen Fragen des Lebens nachspürend, voller Sehnsucht, alles zu verstehen.

Der Wald, die Gegend, alles liegt still wie zuvor. Im Winter ist das Leben gefroren, aber Tomte lauscht, halb träumend nun, auf das Rauschen des Stroms der Zeit. Woher sie kommt, wohin sie geht, was wohl das Schicksal der Erde und ihrer Bewohner sei …

Die Mittwinternacht ist bitterkalt, die Sterne schimmern und funkeln. Im einsamen Hof schlafen alle frühmorgens, noch im Dunkeln. Der Mond senkt seine Bahn ganz leise. Auf Fichten und Tannen leuchtet es weiss, weiss leuchtet der Schnee von den Dächern, während Tomte wacht.

Weihnachten

Bleib einmal stehen, haste nicht,
versenk dich in das kleine Licht.
Hab einmal Zeit für dich allein,
fürs reine Unbekümmertsein.
Lass deine Sinne einmal ruhn,
und hab den Mut zum Gar-nichts-Tun.
Sei wieder Mensch und wieder Kind
und spür, wie glücklich Kinder sind.
Dann wird dein Herz vor Freude weit,
wird offen für die Weihnachtszeit.

Warum nicht in einer Mussestunde einen Wintertee geniessen? Mit den Gedanken durch die Frühlings- und Sommermonate schweifend geniesse ich die in den Blättern und Blüten gespeicherte Sonne und versenke mich an einem nebligen Tag in das strahlende Blau eines Sommertages.

Bereits im Frühling beginne ich jeweils die Kräuter für meinen Wintertee zu sammeln: im März den Huflattich, im April die Schlüsselblumen, im Mai die Holunderblüten, im Juni die Lindenblüten, im Juli und August die Goldmelisse, die Zitronenmelisse und die verschiedenen Minzesorten. Getrocknet werden sie an einem Ort ohne direkte Sonnenbestrahlung. Jede Sorte wird einzeln in Gläsern aufbewahrt, beschriftet mit Name und Sammeljahr. Der Ort sollte dunkel und trocken sein.

Goldene Wintertee-Mischung

Lindenblüten
etwas Minze
Zitronenmelisse
eine Prise Goldmelisse
Schlüsselblumen
Holunderblüten
wenig Huflattich

1 Teelöffel Teemischung mit kochendem Wasser übergiessen, 5 Minuten ziehen lassen.

Wer es süss liebt, kann etwas Honig, Kandiszucker oder Zucker unterrühren.

23. Dezember

Liebe

Weihnachten soll nicht Ausnahmezustand des Herzens sein, sondern immer heute.
Weihnachten ist heute und immer dann, wenn einer die Tränen abwischt
von den Augen eines Kindes.
Weihnachten ist heute, wenn Menschen Streit beenden; wo einer das erste Wort
sagt zu Friede und Versöhnung, auch wenn er enttäuscht worden ist.
Weihnachten ist heute, wo ein Mensch um den anderen mehr besorgt ist als um sich selbst;
wo einer gibt ohne Vorbehalte, was die Not des anderen wendet; wo ein
Mensch mit dem Herzen bei der Sache ist und nicht bloss mit den Händen.
Weihnachten ist heute,
Weihnachten ist alle Tage,
denn Weihnachten ist – die Liebe.

Für Weihnachten vorbereiten Rüeblisterne - Rezept im Anhang.
Aus den Resten eine Rüeblisuppe zubereiten.

Rüeblisuppe

1 EL **Butter**
1 mittelgrosse **Zwiebel,**
klein gewürfelt
1 **Knoblauchzehe,**
klein gewürfelt
2 – 3 mittelgrosse **Rüebli oder**
Reste der Rüeblisterne
wenig **Knollensellerie**
1 **mehligkochende Kartoffel**
1 l **Gemüseboullion**
Salz
Pfeffer aus der Mühle
2 EL **Sauerrahm**
1 Bund **Schnittlauch,**
fein geschnitten

1 Rüebli, Sellerie und Kartoffel schälen und in Würfelchen schneiden.

2 Zwiebeln und Knoblauch in der Butter andünsten, Gemüse und Kartoffeln zugeben, mit der Gemüsebouillon ablöschen, bei schwacher Hitze rund 20 Minuten köcheln lassen. Pürieren. Rüeblicremesuppe aufkochen, abschmecken, mit Sauerrahm verfeinern.

3 Rüeblicremesuppe in vorgewärmten Tellern anrichten, mit Schnittlauch bestreuen.

Variante 5 bis 6 Scheiben Bratspeck knusprig braten, 1 Handvoll Brotwürfelchen mitbraten. Auf die Suppe verteilen. Als Abendessen mit frischem Brot servieren.

Der Weihnachtsbaum

✤
✤✤
✤✤✤✤✤

In diesen
Tagen würde ich
gern einen ganz
besonderen Weihnachtsbaum dekorieren:
Daran würde ich
– statt Kugeln und Flitter –
die Namen all meiner Freunde hängen.
Die Namen der nahen ebenso wie diejenigen der fernen.
Die Namen derer,
die schon immer da waren, genau so wie die,
welche ich jetzt habe.
Die Freunde, welche ich täglich sehe, und die,
denen ich nur hie und da begegne.
Die Freunde, an die ich ständig denke, und jene,
welche ich oft vergesse.
Die treuen Freunde genauso wie die zufälligen und wechselnden.
Die Freunde fröhlicher Stunden gleichermassen
wie jene der schwierigen Momente.
Diejenigen, die ich verletzt habe, ohne dies zu beabsichtigen,
und die, welche mich verletzten, ohne es zu wollen.
Alle Freunde, deren Seelentiefe ich kenne, und die, welche ich nur so kenne,
wie sie sich mir zeigen.
Freunde, die mir dankbar sind, und Freunde, denen ich viel verdanke.
Einfache Freunde und solche, die äusserlich eine wichtige Position einnehmen.
Alle hängen sie an meinem Baum –
alle, die mir in meinem Leben begegnet sind.
Egal, ob sie diese Botschaft empfangen oder nicht.
Mein Baum hat tiefe Wurzeln, damit man ihre Namen niemals ausreissen kann.
Und mein Baum wird im kommenden Jahr wieder blühen und uns allen Freude, Gesundheit, Liebe
und Frieden bringen.
Hoffentlich werden wir uns an Weihnachten irgendwie begegnen
und herzliche Wünsche der Hoffnung miteinander austauschen,
auch um jenen
etwas Glück
zu schenken,
die sich einsam
und verloren fühlen.

FROHE WEIHNACHTEN !

25. Dezember

Weihnachtsmenü

Am Morgen

Alles, was ich an diesem Tag tue, soll eine Feier sein, ob ich nun arbeite oder einen Moment der Ruhe oder das Zusammensein mit meinen Liebsten geniesse. Vielleicht mag ich mich am Morgen einstimmen mit weihnächtlicher Lieblingsmusik. Kerzenlicht begleitet mich durch den ganzen Tag.

- Kirschen, Filet, Champignonsauce und Safranknöpfli aus dem Tiefkühler nehmen
- Kirschen in einer Pfanne antauen lassen
- Filet auf ein mit Blechreinpapier belegtes Backblech legen
- Pilzsauce in eine kleine Pfanne geben
- Safranknöpfli in einer Schüssel antauen lassen
- Aperitifwein kühl stellen, Rotwein in die Küche stellen (Zimmertemperatur), Getränke bereitstellen
- Tisch festlich decken
- Salat- und Dessertteller sowie Kaffeegeschirr bereitstellen

Nach dem Mise en place habe ich eine Pause verdient. In Gedanken gehe ich alles noch einmal durch: Ist alles bereit? – Besonders erholsam ist es, noch ein paar Schritte in der weihnachtlichen Kälte zu gehen. Danach kleide und frisiere ich mich festlich und freue mich auf die Gäste.

Vor dem Essen

- 45 Minuten vor dem Essen: Filet im Teig in den Ofen schieben
- 10 Minuten vor dem Essen: Salatteller vorbereiten
- 5 Minuten vor dem Essen: Rüebli in wenig Butter erwärmen, mit Kräutersalz würzen
- 5 Minuten vor dem Essen: Safranknöpfli anbraten
- Teller warm stellen
- Champignonsauce erhitzen

Nach dem Essen

Den Tisch mit Gelassenheit abräumen und das Geschirr beiseitestellen; es kann später gespült werden. Auch ich feiere zusammen mit den andern. Wir erzählen einander, machen vielleicht gemeinsam einen kurzen Spaziergang durch die Winterwelt. Die Kerzen am Baum werden angezündet, wir singen und musizieren oder jemand liest eine Geschichte vor und, wenn welche da sind, werden die Geschenke verteilt.

- 30 Minuten vor dem Servieren das Eierkirschparfait aus dem Tiefkühler nehmen und in den Kühlschrank stellen, danach portionieren und garnieren
- Kirschen in der Pfanne erwärmen und zum Eierkirschparfait servieren

26. Dezember

Die Heiligen Nächte

Die Nacht auf heute war die erste der zwölf heiligen Nächte, die man auch Raunächte nennt. Gemeint sind jedoch die gesamten 24 Stunden von Mitternacht bis Mitternacht. Es ist eine geheimnisumwitterte Zeit. In alter Zeit fürchteten sich die Menschen vor den Geistern, welche die Zeit unsicher machten. Von da her stammen all die Rituale, die das Bedrohliche abwenden oder besänftigen sollten. Das Weihnachtslicht innen und aussen ist der beste Schutz bei angstvollen Gedanken.

In den zwölf besonderen Tagen solle sich das kommende Jahr spiegeln. Alles, was passiert und was man träumt, kann eine verschlüsselte Botschaft sein. Die erste heilige Nacht steht für den Januar, die zweite für den Februar usw. Ich nutze diese besondere Zeit, um wie Samen gute Gedanken für die kommenden Monate zu säen.

Januar – In der Tiefe ruhen lassen

Vom gestrigen Festessen gibt es Weinreste. Der Wein ist ein Produkt des langsamen Reifens. Man muss ihn in Ruhe lassen, damit er gut wird. So säe ich in den kommenden Januar das Saatkorn der Ruhe, die den Dingen Zeit lässt, sich in der Tiefe und dem Willen entzogen vorzubereiten.

40 g **Butter**
1 **Zwiebel, klein gewürfelt**
$^1/_2$ **Lauch, nur weisse Teile, in feinen Ringen**
30 g **Milchreis**
2 $^1/_2$ dl **Weisswein**
2 $^1/_2$ dl **Gemüsebouillon**
10 g **Frischhefe**
1 $^1/_2$ dl **Rahm**
Salz
Pfeffer aus der Mühle
Muskatnuss
Kerbel oder glattblättrige Petersilie
geröstete Brotwürfelchen, nach Belieben

Weissweinsuppe

1 Kräuter von den Stielen zupfen und fein schneiden.

2 Zwiebeln und Lauch in der Butter andünsten, Reis zugeben, mit Weisswein und Gemüsebouillon ablöschen, aufkochen, Hefe zugeben, die Suppe bei schwacher Hitze etwa 20 Minuten köcheln lassen. Suppe mit Stabmixer aufmixen. Die Hälfte des Rahms zugeben, mit Salz, Pfeffer und Muskat abschmecken, restlichen Rahm zugeben, nochmals schaumig aufmixen.

3 Suppe in vorgewärmten Tellern anrichten, mit Kräutern und Brotwürfelchen garnieren.

27. Dezember

Februar – Ideen sammeln

Im kommenden Jahr möchte ich Neues ausprobieren. Was reizt mich? Was weckt mein Interesse? Wovon träume ich schon lange? Vielleicht hat mich jemand inspiriert, und nun wird es Zeit, eigene Erfahrungen in diesem Bereich zu machen? Als Samen lege ich in den Monat Februar den Wunsch, dass ich neuen Ideen gegenüber immer wieder offen bin, mich bewegen lasse von dem, was werden will. Ich will ihm eine echte Chance geben.

Das Jahr über bleibt für die Pflege von Beziehungen oft zu wenig Zeit. Nun nutze ich die stillen Tage: An wen habe ich lange nicht mehr gedacht, wen möchte ich gerne wieder einmal sehen? Ich nehme mir Zeit und schreibe ein paar Neujahrskarten. Und um den Empfänger zu einer inspirierenden Mussestunde anzuregen, schicke ich mit der Karte einen feinen Gewürztee mit.

Gewürztee-Karte

Gewürztee-Karte

In einen Cellophanbeutel der kleinsten Grösse 2 Esslöffel Teemischung füllen. Nach Belieben kann als Hintergrund ein Stück goldene Folie genommen werden.

Für die Karte wird ein A4-Zeichnungsblatt in der Mitte gefaltet.

Gewürztee	
1 EL **Anissamen**	Der Teebeutel wird an die Karte geheftet. Der Fantasie darf man freien Lauf lassen: Er kann mit einem Bast-, Woll- oder
3 EL **Fenchelsamen**	Satinbändel durch die Karte gezogen werden, mit einem bunten
1 EL **Süssholz, zerkleinert**	Deko-Klebeband festgeklebt oder mit einer auffälligen Büro-
1 EL **Kardamomsamen, zerstossen**	klammer angeheftet werden.

Der Teebeutel wird an die Karte geheftet. Der Fantasie darf man freien Lauf lassen: Er kann mit einem Bast-, Woll- oder Satinbändel durch die Karte gezogen werden, mit einem bunten Deko-Klebeband festgeklebt oder mit einer auffälligen Büroklammer angeheftet werden.

Die Anleitung für die Teezubereitung wird ins PS des Kartentextes gesetzt.

Anstelle des Gewürztees kann auch eine Portion Rosenzucker oder Kräutersalz in den Beutel gefüllt werden.

Gewürztee aufgiessen

2 EL der Gewürzteemischung in 1 l Wasser aufkochen, bei schwacher Hitze zugedeckt 10 Minuten köcheln lassen, Tee absieben. Mit Zucker und 2 dl Milch servieren

Gewürztee
1 EL **Anissamen**
3 EL **Fenchelsamen**
1 EL **Süssholz, zerkleinert**
1 EL **Kardamomsamen, zerstossen**
1 TL **schwarze Pfefferkörner, zerstossen**
1 EL **getrockneten Ingwer, gehackt**
1 **Zimtstange, grob zerkleinert**
1 TL **Gewürznelken**

28. Dezember

März – Boden vorbereiten

Das ganze Jahr über haben wir unsere Äcker und den Weinberg gehegt und gepflegt. Es bedingte eine gute Vorbereitung, damit die Früchte der Erde gedeihen konnten. Jetzt, am Ende des Jahres, ruhen die Felder und die Pflanzen. In diesen geruhsameren Tagen habe ich das Bedürfnis, mit Freunden und Familienmitgliedern zusammenzusitzen, Gedanken auszutauschen, zu jassen und zu spielen oder es einfach miteinander zu geniessen. So bereite ich meinen Nährboden für das neue Jahr vor. Die Gewissheit, dass es Menschen gibt, an die ich mich jederzeit wenden kann, ist etwas vom Wertvollsten für mich.

Ich lege in den Monat März das Saatkorn der Beziehungspflege, denn ohne dieses lebendige Geflecht kann all die Arbeit das Jahr über nicht geschafft werden.

Gerne verwöhne ich die Besucher mit einer Kleinigkeit. Der Lebkuchenmousse kann niemand widerstehen. Sie ist zudem eine perfekte Restenverwertung von trockenem Lebkuchen.

Lebkuchenmousse

Zutaten
250 g **Qimiq / Mascarpone**
70 g **Zucker**
1 dl **Kirsch**
1 Prise **Nelkenpulver**
½ TL **Zimtpulver**
½ TL **Lebkuchengewürz, nach Belieben**
100 g **altbackener Lebkuchen**
2 dl **Rahm**
Schlagrahm, für die Garnitur
Schokospäne, für die Garnitur

1   Lebkuchen fein zerkrümeln oder im Cutter fein zerkleinern.

2   Qimiq gut rühren

3   Zucker, Kirsch und Gewürze unterrühren, bis sich der Zucker aufgelöst hat. Lebkuchenkrümel unterrühren.
Rahm steif schlagen und unterziehen. Mindestens einen halben Tag kühl stellen.

4   Lebkuchenmousse portionieren, in Glasschalen anrichten. Mit Schlagrahm und Schokospänen garnieren.

Tipp   Kann auch mit anderen Kuchenresten oder trockenen Guetzli zubereitet werden.

29. Dezember

April – Säen und pflanzen

Mein Wunschsamen für den April ist: Ich möchte meine Vergangenheit in Ordnung bringen, damit reines Saatgut ohne allzu viele Unkrautsamen bereitsteht.

Was möchte ich im alten Jahr noch erledigt haben? Wo habe ich etwas Wichtiges übersehen oder unter den Teppich gewischt? Wo beginnt Unerledigtes gar zu faulen oder zu gären?

Beim Inventar der Vorräte im Keller oder im Tiefkühler merke ich mir, was als Nächstes verwendet werden muss, damit es nicht verdirbt. Aus altbackenem Brot und eingemachten Zwetschgen gibt es einen feinen Znacht.

Brotauflauf mit Zwetschgenkompott

Brotauflauf
200 g **altbackenes Brot**
6 dl **Milch**
50 g **Butter**
100 g **Zucker**
2 **Eier**
wenig **frisch geriebene Muskatnuss**
1 Briefchen **Vanillezucker**
80 g **Rosinen oder Apfelwürfelchen**
80 g **Haselnüsse, grob gehackt**

Zwetschgenkompott
750 g **Zwetschgen**
1 dl **Süssmost**
1/2 **Bio-Zitrone, abgeriebene Schale und** 1 EL **Saft**
3 EL **Honig**

1   Backofen auf 180 °C vorheizen.

2   Brot zerkleinern, in eine Schüssel geben, mit 3 1/2 dl Milch übergiessen, 5 Minuten stehen lassen. Brot mit einer Gabel fein zerpflücken.

3   Butter, Zucker und restliche Milch erwärmen. Eier, Muskat und Vanillezucker zugeben, gut verrühren. Brot, Rosinen und Haselnüsse unterrühren. Brotmasse in eine mit Butter eingefettete Auflaufform füllen.

4   Brotauflauf in der Mitte in den Ofen schieben, bei 180 °C etwa 1 Stunde backen. Auflauf gut rühren, weitere 30 Minuten backen.

5   Für das Kompott eingemachte oder tiefgekühlte Zwetschgen mit den übrigen Zutaten ein paar Minuten köcheln lassen. Warm zum Brotauflauf servieren.

Mai ~ Wachsen und blühen

Wenn der Samen im Dunkel der Erde aufgebrochen ist und eine neue Pflanze sich ans Tages-licht emporgearbeitet hat, kann man manchmal fast dabei zusehen, wie sie dem Licht entgegen-wächst und in kürzester Zeit Knospen bildet und erblüht. Der Beginn jeden Blütentraums liegt in der Dunkelheit.

Ich säe in den Monat Mai den Samen von Hellem und Dunklem, die Hand in Hand arbeiten, ein jedes zu seiner Zeit. Möge daraus immer wieder Schönes erblühen.

Holunder-Süssmostköpfchen

für 12 Förmchen

Biskuit
3 Eier
90 g **Zucker**
80 g **Weissmehl**
2 EL **Kakaopulver**

Süssmostcreme
1 dl **Süssmost**
60 g **Zucker**
**3 – 4 Blatt Gelatine,
eingeweicht**
250 g **Rahmquark**
3 dl **Rahm, steif geschlagen**

Holunderbeercreme
1 dl **Holunderbeersirup**
50 g **Zucker**
**3 Blatt Gelatine,
eingeweicht**
250 g **Rahmquark**
3 dl **Rahm, steif schlagen**

1   Für das Biskuit Eiweiss knapp steif schlagen, Zucker beigeben, weiterschlagen, bis die Masse glänzt, Eigelb zugeben, nur kurz unterrühren, Mehl und Kakaopulver dazusieben und unter die Masse ziehen. Teig auf einem mit Backpapier belegten Blech wie für eine Roulade ausstreichen. In der Mitte im auf 200 °C vorgeheizten Ofen 10 Minuten backen. Lauwarm abkühlen lassen. 24 Rondellen ausstechen. Ein Sternchen, ein Blümchen usw. bei der Hälfte der Rondellen ausstechen.

2   Für die Süssmostcreme die Hälfte Süssmost mit dem Zucker aufkochen, Pfanne von der Wärmequelle nehmen, ausge-drückte Gelatine darin auflösen, restlichen Süssmost zugeben, unter den Quark rühren, Schlagrahm unterziehen.

3   Förmchen mit Butter einfetten und mit Zucker ausstreuen. Gelochte Biskuitrondelle in das Förmchen legen. Zuerst die Süssmostcreme, dann die Holunderbeercreme einfüllen und glatt streichen, die zweite Biskuitrondelle darauflegen. Mindestens 5 Stunden kühl stellen.

4   Zum Stürzen Förmchen kurz in heisses Wasser stellen, Rand mit einem spitzen Messer lösen, Köpfchen auf Teller stürzen. Je nach Saison garnieren.

Tipp   Die Köpfchen können gut am Vortag hergestellt werden.

31. Dezember

Am Silvester mache ich einen Jahresrückblick mit Hilfe von Fotos und Agenda. Es gab Termine unterschiedlichster Art, Tage, an denen wir auf Reisen waren, bereichernde Begegnungen, Feste und Konzerte, ausgefüllte Arbeitstage – es gab persönlichen und betrieblichen Sonnenschein, aber auch Gewittertage. Ich bin dankbar für alles Erlebte im vergangenen Jahr, für Freud und Leid, für das Zusammenstehen in guten und in schlechten Zeiten.

Juni – Befruchten

Sobald die Blüte einer einjährigen Pflanze befruchtet wird, wächst sie nicht mehr weiter – sie stirbt allmählich ab zugunsten der Frucht, die entstehen wird, zugunsten des Samens, der in der Frucht reifen wird und den Keim der Zukunft in sich trägt.
Ich säe in den Juni den Wunsch, dass in der schönsten Zeit des Blühens, auf dem Höhepunkt der Freude, das Loslassen und Abschiednehmen leichtfällt.

Neujahrszopf

Früher war es in ländlichen Gegenden Brauch, Neujahrs- zöpfe zum Verschenken zu backen. Sie schmeckten süsslich, wurden in Leinen gewickelt und an einem kühlen Ort auf- bewahrt. Um den Brauch weiterleben zu lassen, verrate ich gerne das uralte Rezept meiner Schwiegermutter.

für 2 bis 3 Zöpfe

1 kg **Weissmehl**
½ EL **Salz**
80 g **Zucker**
30 g **Hefe**
½ l **Milch**
150 g **weiche Butter**
2 **Eier**
1 **Bio-Zitrone,**
abgeriebene Schale

Glasur
3 EL **Kandiszucker**
2 dl **Wasser**
1 **Ei**

1 Für die Glasur Kandiszucker mit Wasser kochen, bis er sich aufgelöst hat. Erkalten lassen. Ei unterrühren.

2 Hefe in der Milch auflösen. Mehl, Salz und Zucker in Teig- schüssel mischen, Hefemilch, Butter, Eier und Zitronen- schale zugeben, einen glatten, geschmeidigen Teig kneten. Schüssel mit feuchtem Tuch zudecken, Hefeteig bei Zimmer- temperatur auf das doppelte Volumen aufgehen lassen.

3 Teig nochmals durchkneten, in zwei bis drei Portionen teilen. Jede Portion teilen und daraus Teigrollen formen, zu einem Zopf flechten. Auf ein mit Backpapier belegtes Blech / Bleche legen. Mit der Kandiszuckerglasur bestreichen.

4 Zöpfe auf der zweituntersten Schiene im auf 220 °C vorgeheizten Ofen 30 Minuten backen. Heiss mit der Kandis- zuckerglasur bestreichen.

Ein neues Jahr ist da! Es liegt wie eine frisch verschneite Landschaft vor mir. Noch hat niemand eine Spur im Schnee hinterlassen. Es ist ein erster Erster, und ich empfinde zweierlei: Vorfreude auf das Kommende, auf die Reise aus dem Winter in einen neuen Frühling. Bald werden die Tage länger und heller, bald wird die erste Amsel ihr erstes Lied anstimmen. Wie ich mich freue auf diese kleinen Dinge, die anzeigen, dass wir uns auf einer weiteren Runde im grossen Kreislauf befinden!

Auf der anderen Seite spüre ich, dass das Jahr mit seinen 365 ungelebten Tagen auch wie ein ungelesenes Buch vor mir liegt. Was wird es wohl für meine Liebsten und mich bereithalten? An jedem kommenden Abend wird sich wieder ein Tag winkend aus dem Staub machen – um flugs mehr oder weniger gemütlich in meiner Erinnerung sein Kämmerchen zu beziehen.

Juli – Pflegen

Nun beginnt sich, anfangs noch ganz im Verborgenen, die Frucht zu entwickeln. Was werden will, braucht jetzt besonders viel Aufmerksamkeit und Pflege. In einer Hitzeperiode braucht es Wasser und vielleicht Schutz vor der brennenden Sonne. Ich lege in den Juli den Samen meiner Aufmerksamkeit und meines Mitgefühls.

Neujahrs-Apfelpunsch

½ l **Wasser**
2 Beutel **Früchtetee**
1 **Orange, in Scheiben**
1 **Zimtstange**
5 **Gewürznelken**
1 l **Süssmost**
2 – 3 EL **Honig, Birnel oder Zucker**

1   Wasser aufkochen, Teebeutel, Orangenscheiben, Zimtstange und Gewürznelken zugeben. Pfanne von der Wärmequelle nehmen. 10 Minuten ziehen lassen. Süssmost zugeben. Feste Teile heraussieben. Punsch sieben.

2   Punsch erwärmen und süssen. In Gläser oder Tassen füllen und geniessen.

2. Januar

August – Reifen

Auch wenn wir manchmal stöhnen unter all der Arbeitslast: Aktiv zu sein, fällt uns viel leichter als das Geschehenlassen, das Zusehenmüssen, das Nichtstunkönnen. Es wird erst ertragbar, wenn wir vertrauen können, dass es schon richtig werden wird, auch ohne unser Zutun.

Reifen ist etwas von dem, was man nicht tun kann, nicht erledigen und ein für allemal hinter sich bringen. Es ist ein fortwährender Prozess. Es geschieht einfach, wenn die Voraussetzungen stimmen. Es ist ein weiterer Schritt auf dem Weg, sich nicht immer und überall in den Mittelpunkt stellen zu müssen, sondern immer mehr in der eigenen Mitte anzukommen. So reift die Frucht – und bildet neue Samen aus. Ich lege in den kommenden August den Samen des Vertrauens, dass das von alleine reifen wird, was durch all mein Schaffen gut vorbereitet wurde.

Heute ist Berchtoldstag – ein Tag, um ein letztes Mal für diese Festzeit die Seele so richtig baumeln zu lassen – und als Belohnung fürs Nichtstun den feinen Hefegugelhopf zu geniessen, der ein Beweis dafür ist, wie köstlich das schmeckt, was genügend Zeit zum Reifen bekommen hat.

Urgrossmutters Hefegugelhopf

für eine Gugelhopfform mit 24 cm Durchmesser

500 g **Mehl**
80 g **Zucker**
2 Prisen **Salz**
3 dl **lauwarme Milch**
30 g **Hefe**
2 **Eier**
125 g **abgekühlte, flüssige Butter**
150 g **Sultaninen**
Kirsch

1   Sultaninen 5 Stunden im Kirsch marinieren.

2   Mehl, Zucker und Salz in einer Teigschüssel mischen. Hefe in lauwarmer Milch auflösen, mit Eiern und Butter zum Mehl geben, zu einem dickflüssigen Teig rühren. Teigschüssel mit einem feuchten Tuch zudecken, Gugelhopfteig 1 Stunde aufgehen lassen.

3   Sultaninen unter den Teig rühren, in die mit Butter eingefettete und gemehlte Gugelhopfform füllen. Form mit einem feuchten Tuch zudecken, Teig nochmals 40 Minuten gehen lassen.

4   Gugelhopf in der Mitte im auf 200 °C vorgeheizten Backofen 45 Minuten backen. Ein wenig abkühlen lassen. Rand lösen und den Gugelhopf stürzen.

3. Januar

September – Ernten und ordnen

Eigentlich hat das neue Jahr ja bereits begonnen, aber noch immer geht es auf leisen Sohlen ... Der Tatendrang lässt auf sich warten. Viel eher ist mir nach stiller Arbeit, die die Ruhe dieser besonderen Tage noch etwas nachschwingen lässt. Ich führe meine neue Agenda nach. Termine, Verpflichtungen, Verheissungsvolles – und all die Geburtstage von lieben Menschen, die ich im kommenden Jahr nicht vergessen will. Der Glühweingelee, der auch aus Glühweinresten zubereitet werden kann, ist ein beliebtes kleines Geschenk für grosse Gebutstagskinder.

In den kommenden Monat September säe ich den Samen des Ordnens: Die Ernte muss so versorgt werden, dass sie nicht verdirbt und wieder gefunden wird, wenn die Zeit für den Verbrauch gekommen ist.

Glühweingelee

für 400 – 500 g

1 Beutel **Glühweingewürz**
1 – 2 **Sternanis**
2 – 3 **Gewürznelken**
1 ¹⁄₂ dl **Rotwein**
1 ¹⁄₂ dl **Süssmost**
1 **Bio-Orange**
ca. 250 g **Gelierzucker;**
Verhältnis Flüssigkeit /
Zucker 2:1

Sternanis, nach Belieben

1 Glühweingewürz, Sternanis, Gewürznelken, Rotwein und Süssmost aufkochen, 20 Minuten ziehen lassen.

2 Orange waschen, Schale mit dem Sparschäler abziehen, in Streifchen schneiden oder mit dem Zestenreisser Streifchen abziehen. Orange auspressen.

3 Orangensaft und Orangenschalen sowie Gelierzucker zum Glühwein geben, aufkochen und 3 bis 4 Minuten köcheln lassen. Gelee durch ein Sieb passieren, kochend heiss in Gläser mit Schraubverschluss füllen. Nach Belieben einen Sternanis dazugeben. Deckel sofort aufsetzen. Gläser etwa 5 Minuten auf den Kopf stellen. Wieder umdrehen und auskühlen lassen.

4. Januar

Oktober – Wägen

Heute gibt es ein Fondue draussen im Wald, zusammen mit Freunden. Wir bringen dazu Finnenkerzen mit und freuen uns auf einen ganz besonderen Winterabend.

Tagsüber bewegen mich Gedanken zu den Dingen, die meinem Leben Sinn und Fülle geben. Alles, was mich mit Freude erfüllt, zählt dazu. Das Bild vom Fondue hilft mir etwas erkennen: Im Fondue verschmelzen lauter Einzelteile meisterlich zu einer Einheit. Aber so genial wie ein Fondue schmeckt unsere Lebensmischung nicht immer: Manchmal hilft es, rückwärts zu denken, im Einheitsbrei des Lebens wieder die einzelnen Bestandteile zu erkennen und sie genauer unter die Lupe zu nehmen. So möge der Oktober das Abwägen und Entscheiden unterstützen.

Fondue vom Gatter

für 5 Personen
(200 g Käse / Person)

500 g **Gruyère**
200 g **Fribourger Vacherin**
150 g **reifer Appenzeller**
150 g **roter Tilsiter**
5 TL **Maizena**
5 dl **trockener Weisswein**
2 – 3 **Knoblauchzehen**
Pfeffer aus der Mühle

Brotscheiben

1 Käse auf der Röstiraffel reiben. Maizena untermischen, Weisswein dazugiessen, alles gut mischen. 30 Minuten oder länger marinieren.

2 Knoblauchzehen schälen. Eine Knoblauchzehe halbieren und das Caquelon damit einreiben. Restliche Knoblauchzehen klein würfeln, zum Käse geben.

3 Käsemischung in das Caquelon füllen und den Käse unter ständigem Rühren bei guter Hitze schmelzen und binden lassen. Mit Pfeffer würzen.

Tipps Die Brotscheiben von Hand in mundgerechte Stücke reissen. Die fertige Fonduemischung in einer gut schliessenden Vorratsdose transportieren.

5. Januar

November – Loslassen und verwandeln

In meinem ganz persönlichen Lebens-Fondue habe ich Zutaten entdeckt, die nicht mit dem Ganzen harmonieren. Manchmal lasse ich mich zu sehr auf Situationen ein, die mich kräftemässig auslaugen. Muss ich wirklich überall mit dabei sein? Was hat meine Aufmerksamkeit verdient? Wo will ich mich engagieren, was lasse ich bleiben? Ich gehe bewusst durch die Wohnung, über den Hof und in Gedanken durch meinen Alltag: Was möchte ich gerne so behalten, wie es ist? Wovon will ich mich verabschieden? Und was ist mir lieb, hat aber dringend einen «Neuanstrich» nötig? Diese Arbeit gibt mir das gute Gefühl, Verantwortung zu übernehmen, eine wirkliche Königin in meinem Reich zu sein. Das Samenkorn für den November sei dasjenige für Loslassen und Verwandlung.

Beschwingt backe ich für den morgigen Königstag einen Königskuchen.

Dreikönigskuchen

1   Sultaninen mit heissem Wasser übergiessen, 1 Stunde quellen lassen. Abtropfen lassen.

2   Mehl, Zucker und Salz in einer Teigschüssel mischen, eine Vertiefung drücken. Hefe in wenig Milch auflösen, mit restlicher Milch und Butter in die Vertiefung geben, zu einem glatten, geschmeidigen Teig kneten. Teigschüssel mit einem feuchten Tuch zudecken, den Hefeteig auf das doppelte Volumen aufgehen lassen. Sultaninen einkneten, Teig weitere 15 Minuten gehen lassen.

3   Aus einem Viertel des Teiges eine Kugel formen und auf das mit Backpapier belegte Blech legen. Restlichen Teig in 8 Portionen teilen und Kugeln formen, den König in eine der Kugeln drücken. Die kleinen Teigkugeln an die grosse Kugel drücken. 10 Minuten gehen lassen.

4   Backofen auf 180 °C vorheizen.

5   Eigelb mit wenig Wasser verdünnen, Dreikönigskuchen einpinseln, mit Mandelblättchen und Hagelzucker bestreuen.

6   Blech auf zweitunterster Schiene in den Backofen schieben, Dreikönigskuchen bei 180 °C 30 Minuten backen.

für 10 Portionen

500 g **Weissmehl**
3 EL **Zucker**
1 TL **Salz**
30 g **Hefe**
2 1/2 – 3 dl **lauwarme Milch**
75 g **weiche Butter**
100 g **Sultaninen**

1 **Eigelb, zum Bepinseln**
2 EL **Mandelblättchen**
wenig **Hagelzucker**
Königsfigur oder Mandel oder Haselnuss oder Bohne

Dezember – Einsicht

Die Heiligen Drei Könige brachten dem Jesuskind Gold, Weihrauch und Myrrhe, zur damaligen Zeit typische Geschenke für einen König: Gold ist etwas äusserst Kostbares und ein Zeichen der Macht, Weihrauch ist ein uraltes Symbol der Gottesverehrung und Myrrhe ist ein balsamisches Harz, ein Bestandteil des Salböls, mit dem nur ganz hohe Geweihte gesalbt wurden.

In vielen Regionen sind heute die Sternsinger unterwegs. Sie gehen singend von Haus zu Haus mit räucherndem Weihrauch und bringen den Segen zu den Menschen. Wie wohltuend und gereinigt fühlt es sich an, wenn ein Raum ausgeräuchert ist und duftet! Dieses Ritual kann auch selbst durchgeführt werden – und dies nicht nur am Königstag. Es lege in den Dezember die Kraft der Einsicht. Wir sind ein Teil des Ganzen – das Ganze trägt. Dies zeigt sich im Kleinen unseres Alltags genauso wie im Grossen der Schöpfung.

Rezept für eine Salbei-Räuchermischung

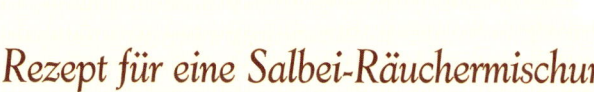

Alle Zutaten mischen, in einem luftdichten Glas aufbewahren. Eine Salbei-Räuchermischung wirkt reinigend, entzündungshemmend, sie fördert den Optimismus und weckt die Selbstheilungskräfte. Spezialgeschäfte bieten verschiedene reinigende Räuchermischungen an. Hier findet man auch die spezielle Räucherkohle.

15 g **Salbeiblätter, getrocknet und zerrieben**
10 g **Wacholderbeeren, zerdrückt**
15 g **Beifuss, getrocknet und zerrieben**
20 g **Tannennadeln, getrocknet und zerrieben**
20 g **Johanniskraut, Blüten und Blätter, zerrieben**

Räuchern Kohle mit einer Zuckerzange über eine brennende Kerze halten. Wenn die Kohle glüht, diese in eine feuerfeste Schale legen und die Räuchermischung darüberstreuen. Mit der räuchernden Schale und guten Gedanken geht man nun von Raum zu Raum. So wird die Wohnung von verbrauchten Energien befreit und es entsteht eine neutrale Atmosphäre. Dieses Ritual eignet sich zum Reinigen der Wohnung nach der Weihnachtszeit oder nach einer Auseinandersetzung.

Eine Nachgeschichte

Die Weihnachtszeit ist zu Ende. Der Christbaum wird abgeräumt, der Schmuck wieder verpackt und versorgt. Schön und reich war diese Zeit. Das Licht auf seinem Weg bewusst zu begleiten, war spannend. Ich habe erlebt, wie die Dunkelheit sich immer mehr Raum nahm; das Licht, das sich im Sommer so grenzenlos verschenkt, zog sich an einen immer kleiner werdenden Platz zurück, blieb in sich gekauert während der Weihnachtstage. Aber mir wurde bewusst, dass es in der Zeit der äusseren Dunkelheit umso heller da leuchtete, wo wir üblicherweise unsere Aufmerksamkeit nicht hinlenken: tief drin in der Erde, tief drin in uns selbst. Aus diesem Grund ist es so wohltuend und vielen Menschen ein Bedürfnis, bis zum Königstag eine etwas gemächlichere Gangart einzuschlagen.

Am Königstag aber passiert der Umschwung: Das Feuer in der Erde hat genug geruht – es richtet nun seine Kraft wieder nach aussen, will wirken und schaffen, kreieren und unterstützen. Vielleicht sind die goldenen Zacken der Krone ein Ausdruck dafür, dass das Feuer wieder nach aussen brennt, uns wieder Energie gibt für jeden Tag des neuen Jahres, Licht und Wärme für all das, was wir brauchen zum Leben. Noch einmal gehe ich die Samen durch, die ich ins kommende Jahr gelegt habe, und wünsche mir, dass sie aufgehen.

So vorbereitet freue ich mich, dass mich dank der helleren Abende schon bald die erste Amsel mit ihrem Gesang auf den kommenden Frühling einstimmen wird …

Rezepte zum Weihnachtsmenü

Nüsslisalat mit pikanten Sternen

Salat
500 g **Nüsslisalat**

3 EL **Balsamico**
3 EL **Orangensaft**
1 EL **Blütenhonig**
1 EL **Crème fraîche**
1 TL **Dijon-Senf**
1 **kleine Zwiebel,**
klein gewürfelt
Kräutersalz
Pfeffer aus der Mühle

Sterne
8 **dünne Scheiben Gruyère**
oder Bergkäse
100 g **Mostbröckli,**
dünn geschnitten

1   Für die Sterne vier Käsescheiben auf die Arbeitsfläche legen, mit Mostbröckli belegen, mit einer Käsescheibe zudecken. Pro Person 2 bis 3 unterschiedlich grosse Sterne ausstechen. Reste in feine Streifen schneiden.

2   Alles in eine Vorratsdose füllen. In den Kühlschrank stellen.

3   Nüsslisalat auf Teller verteilen, mit Käse- und Mostbröcklistreifen bestreuen, mit der Sauce beträufeln, Sterne dazulegen.

Weihnachtsfilet

1   Rindsfilet mit Kirschensenf bestreichen und würzen, in einer Bratpfanne anbraten, auskühlen lassen.

500 g **Kuchen- oder**
Blätterteig
Öl
700 g **Natura-Beef-Filet**
Kirschensenf
Salz
Fleischgewürz
Pfeffer aus der Mühle
1 **Eigelb, zum Bestreichen**

2   Ein kleines Stück Teig abschneiden und beiseitelegen. Teig ausrollen, Filet darauflegen, Ränder mit Wasser bestreichen, Fleisch einpacken, Teigränder gut andrücken. Auf eine Klarsichtfolie legen. Restlichen Teig ausrollen, Sterne oder Engel ausstechen, mit Wasser bestreichen und auf die Teighülle kleben. Mit Eigelb bestreichen. In die Klarsichtfolie einpacken.

3   Filet tiefkühlen.

4   Filet in der Mitte im auf 180 °C vorgeheizten Ofen etwa 40 Minuten backen.

1 *EL* **Öl**
250 *g* **Champignons,**
in Scheiben
1 ½ *EL* **Mehl**
1 *dl* **Weisswein**
½ *dl* **Wasser**
1 *dl* **Milch**
Salz
frisch gemahlener Pfeffer
Schnittlauch, Oregano,
Rosmarin
Rahm, nach Belieben

Pilzsauce

1   Pilze im Öl andünsten, mit Mehl bestäuben, kurz weiter-
dünsten. Pfanne von der Wärmequelle nehmen, mit Wein und
Wasser ablöschen, Milch zugeben, vorsichtig rühren,
würzen, etwa 5 Minuten köcheln lassen. Mit Rahm verfeinern.

2   Pilzsauce tiefkühlen.

Safranknöpfli

1   Mehl, Salz und Safran in einer Teigschüssel mischen,
eine Vertiefung drücken. Eier und Wasser verrühren, in die
Vertiefung giessen. Mehl nach und nach unter die Flüssigkeit
rühren. Teig mit einer Lochkelle schlagen / klopfen, bis er
Blasen wirft. Bei Zimmertemperatur 30 Minuten zugedeckt
ruhen lassen.

400 *g* **Weissmehl**
2 *gestrichene TL* **Salz**
2 *Briefchen* **Safranpulver**
4 **Eier**
Wasser (Eier und Wasser
zusammen 4 dl)

2   In einem grossen Kochtopf 2 l Wasser aufkochen, salzen.
Teig portionsweise in das Knöpflisieb füllen und mit dem
Teigschaber direkt ins knapp kochende Salzwasser streichen.
Knöpfli an die Oberfläche steigen lassen.

3   Knöpfli mit einem Schaumlöffel herausnehmen,
unter kaltem Wasser abschrecken; so werden sie fest und
kleben nicht zusammen.

2 *l* **Salzwasser**

4   Knöpfli tiefkühlen.

Rüeblisterne

1 Rüebli schälen und in Scheiben schneiden. Verschieden grosse Sterne ausstechen, insgesamt etwa 600 g.

2 Rüeblisterne im Dampf knackig garen. Auskühlen lassen.

3 Rüeblisterne in eine Vorratsdose füllen. In den Kühlschrank stellen.

1 kg **Rüebli**

Tipp Rüeblireste für die Rüeblisuppe verwenden.

Kirschenkompott
600 g **Kirschen aus dem Glas oder tiefgefroren**

Eierkirschparfait mit Kirschenkompott

Parfait
2 **Eigelbe**
2 EL **lauwarmes Wasser**
100 g **Zucker**
1 **Vanilleschote**
1¹/₂ dl **Eierkirsch**
2 ¹/₂ dl **Rahm**
2 **Eiweiss**

1 Eigelbe, warmes Wasser und Zucker zu einer luftigen, cremigen Masse aufschlagen. Vanilleschote aufschneiden, Mark zur Eigelbmasse streichen, mit Eierkirsch unterrühren. Rahm steif schlagen und unterziehen. Eiweiss zu Schnee schlagen und unterziehen.

2 Eierkirschcreme in eine Cakeform füllen und im Tiefkühler mindestens 4 bis 6 Stunden fest werden lassen.